Dieses Buch gehört:

....

Meine schönsten Vorlesegeschichten zum Träumen

Von Simone Nettingsmeier und Hanna Sörensen
und Illustrationen von Antje Flad und Eva Spanjardt

Inhalt

Das Sandmännchen reist nach Australien................. 11

Das Sandmännchen reist nach Thailand.................. 17

Das Sandmännchen reist nach Grönland................. 23

Das Sandmännchen und der Gestiefelte Kater........ 29

Das Sandmännchen trifft Aschenputtel................... 35

Das Sandmännchen bei Frau Holle 41

Pittiplatsch, Schnatterinchen, Moppi und die Sterne 47

Plumps und Küken finden eine Nuss 55

Herr Fuchs und Frau Elster 63

Pittiplatsch, Schnatterinchen und Moppi in der Höhle 71

Das Sandmännchen reist nach Australien

Ally und Kira wohnen in Australien. Im Outback. Das ist eine sehr einsame Gegend. Die Orte liegen weit auseinander. Da kommt nicht so oft jemand vorbei. Aber heute überrascht das Sandmännchen die Kinder. Gleich nach dem Frühstück steht es in der Tür. »Guten Tag«, sagt es freundlich. »Wollen wir etwas unternehmen?«

»Wir besuchen gleich Oma an der Ostküste, willst du mit?«, fragt Kira. »Gern«, sagt das Sandmännchen.

»Dann komm«, ruft Ally und läuft zu Papa in die Garage. Dort steht ein kleines Flugzeug. Papa guckt gerade nach, ob die Maschine in Ordnung ist. Denn Ally und Kira fliegen damit zu Oma.

»Hier haben viele Leute einen Flieger«, erklärt Ally dem Sandmännchen. »Ja«, sagt das Sandmännchen, »bei euch sind alle Wege weit. Deshalb ist das Fliegen fast so normal wie Busfahren.«

»Alle Mann anpacken!«, ruft Papa. Dann schieben sie das Flugzeug ins Freie. Ally und das Sandmännchen helfen kräftig mit.

Als sie in das kleine Flugzeug geklettert sind, startet Papa die Maschine. Nach einer Weile ist auf der Erde ein riesiger roter Hügel zu sehen. »Das ist Ayers Rock, ein heiliger Berg!«, erklärt das Sandmännchen den Kindern. Und da entdecken sie noch Kängurus, die über das Grasland hüpfen.

Oma winkt schon, als Papa eine ganze Weile später das Flugzeug landet. »Hallo Kinder«, ruft sie. »Habt ihr eure Schlafsäcke dabei?«

»Ja!«, antwortet Ally.

»Und wir haben auch das Sandmännchen mitgebracht«, erklärt Kira.

»Na, prima!«, lacht Oma. »Dann werden wir ja heute Nacht gut schlafen!« Oma hat sich für die Kinder etwas Besonderes ausgedacht. »Wir besuchen jetzt meinen Freund Bardo im Urwald«, erklärt sie.

»Boah«, ruft Ally, »wohnt der da?«

»Na klar«, sagt Oma.

»Bardo gehört zu den Aborigines«, erklärt das Sandmännchen. »Deren Familien leben schon seit Urzeiten in Australien, seit 30.000 Jahren.«

»Das ist aber lange«, meint Ally.

Dann zieht die kleine Gruppe los. Als Erstes kommen sie an Eukalyptusbäumen vorbei. Darin hängen lauter Koalabären. Aber schon bald wird der Wald dichter. Und immer mehr Tiere tauchen auf. »Schau mal, da sind Papageien«, sagt das Sandmännchen zu Kira. – »Ich kann nicht mehr!«, jammert Kira, als sie eine Weile gewandert sind. »Wir sind gleich da«, tröstet sie das Sandmännchen. Tatsächlich kommen sie kurz darauf an einen großen Platz. Da brennt ein Lagerfeuer, an dem viele Leute sitzen. Einer davon winkt Oma fröhlich zu.

»Das ist mein Freund Bardo«, strahlt Oma.

»Den hab ich mir aber ganz anders vorgestellt«, flüstert Kira dem Sandmännchen zu.

»Omas Freunde leben mitten in der Natur«, erklärt das Sandmännchen.

»Ihr könnt mit den anderen Kindern spielen«, schlägt Oma vor.

»Die malen lauter Tupfen auf Steine«, wundert sich Ally.

»Diese Punktmalerei wird wunderschön«, meint das Sandmännchen. »Komm, ich zeige euch, wie das geht.« Später spielen Omas Freunde Didgeridoo. Die Instrumente hören sich ziemlich lustig an, finden Kira und Ally. Dann werden noch Fische im Feuer gegrillt. Und dazu gibt es warmes Brot. »Jetzt ist es aber Zeit fürs Bett«, meint Oma.

»Wo ist das denn?«, fragt Ally.

»Ihr schlaft da oben im Baumhaus«, erklärt das Sandmännchen.

»Toll!«, freuen sich Kira und Ally und klettern die Leiter hoch. Dann holt das Sandmännchen den Traumsand hervor und schenkt den Kindern schöne Träume.

Und zwei kleine Traumsand-Körnchen schweben auch zu dir.

Gute Nacht, schlaf schön!

Das Sandmännchen reist nach Thailand

Kairi ist schon ganz aufgeregt. Heute wird das traditionelle Neujahrsfest gefeiert. Und sie darf dabei sein.

»Was machen wir da?«, fragt sie das Sandmännchen.

»Wir fahren ins Dorf und dort spritzen sich alle mit Wasser nass«, erklärt das Sandmännchen. »Und manche verstreuen sogar noch Puder.«

»Warum machen die Leute das?«, fragt Kairi nach.

»Man sagt, dass mit dem Wasser Pech weggewaschen wird – dann haben die Menschen im neuen Jahr viel Glück«, erklärt das Sandmännchen.

»Kairi«, ruft Papa in dem Moment. »Willst du Tante Mi beim Autoschmücken helfen?« Ein riesiger Blumenhaufen liegt schon bereit.

»Oh, staunt Kairi, »das sind aber viele!«

»Sieh mal, wir machen kleine Sträuße und geben sie Tante Mi«, erklärt das Sandmännchen. Kairis Tante bindet die Blumen rund um Papas Auto an. So bekommt es einen bunten Kranz.

»Wenn ihr fertig seid, können wir essen«, ruft Mama. Sie hat ein richtiges Festmahl gezaubert. Kairi hat auch schon großen Hunger. »Wo Liam bloß bleibt?«, fragt sie sich. Sie hat ihren Bruder seit heute Morgen nicht gesehen. »Der sucht noch seine Wasserpistole«, schmunzelt das Sandmännchen.

Zum Essen kommen alle zusammen. Jeder darf sich nehmen, so viel er mag. Auch Liam rauscht gerade noch rechtzeitig zur Tür herein. »Ich hab sie gefunden!«, ruft er und hält stolz seine Wasserpistole in die Luft.

»Na, dann kann es ja gleich losgehen!«, meint das Sandmännchen.

Nach dem Essen klettert Kairi sofort ins Auto. Papa holt Eimer und Puder herbei. Liam und das Sandmännchen versorgen noch schnell den Büffel.

Dann kommt auch Mama heraus. »Du siehst aber schön aus!«, lobt Kairi. Mama hat sich ein feines Kleid angezogen. Papa trägt sogar eine Blumenkette um den Hals. So eine will Kairi auch haben. Und dann geht die Fahrt los.

Im Dorf fliegt das Wasser nur so hin und her. »Vorsicht!«, ruft das Sandmännchen Liam und Kairi zu. Aber da erreicht schon ein dicker Wasserschwall die Kinder. Liam antwortet mit einem Strahl aus seiner Wasserpistole.

»Das war lustig«, meint Kairi, als sie am Abend klatschnass nach Hause fahren.

»Gleich lassen wir noch einmal die Drachen fliegen«, schlägt Papa vor.

»Au ja«, jubeln die Kinder.

»Aber vorher zieht ihr die Schlafanzüge an!«, sagt Mama. Blitzschnell sind die Kinder umgezogen. Da hilft das Sandmännchen Liam, seinen Drachen steigen zu lassen. Kairi beobachtet die bunten Drachen am Himmel.

»Da oben und noch ein bisschen weiter wohnst du, oder?«, fragt sie das Sandmännchen.

»Ja, so ungefähr«, lächelt es.

»Und wenn Liam den Drachen loslässt, kann er dich besuchen, oder?«, meint Kairi. Aber das Sandmännchen schmunzelt nur.

Es war ein aufregender Tag. Kairi und Liam fallen fast schon die Augen zu. »Ihr geht jetzt schlafen«, sagt Papa und nimmt Liam den Drachen ab. Aber auch durchs Fenster können die Kinder ihn noch fliegen sehen.

»Du passt heute Nacht mit den Drachen auf uns auf«, meint Kairi. »Genau!«, lächelt das Sandmännchen.

Da holt das Sandmännchen den Traumsand hervor und verstreut ein paar Körnchen. Schon träumen die Kinder von dem schönen Neujahrsfest.

Und zwei kleine Traumsand-Körnchen schweben auch zu dir.

Gute Nacht, schlaf schön!

Das Sandmännchen reist nach Grönland

Ganz hinten auf dem Meer schwimmt ein Eisberg vorbei. Riesig ist der. Deshalb hat Anouk ihn auch gleich entdeckt. »Juhu, wenn das Eis schwimmt, wird es Sommer!«, jubelt Anouk und rennt nach Hause. Das will er gleich seinen Schwestern Malik und Naya erzählen!

Als er um die Ecke fegt, bleibt er blitzartig stehen – fast hätte er das Sandmännchen übersehen. »Was machst du schon hier?«, fragt Anouk erstaunt. Es ist nämlich noch längst nicht Abend.

»Ich habe Naya versprochen, zum Fischen mitzufahren«, erklärt das Sandmännchen. »Ja, gleich geht's los«, meint Anouk. »Komm schnell!«

Malik und Naya helfen Papa schon dabei, die Hunde vor den Schlitten zu spannen. »Hurra, das Sandmännchen ist da!«, ruft Naya, als sie es neben Anouk entdeckt.

»Und der Sommer kommt auch!«, verkündet ihr Bruder aufgeregt. »Ich habe einen schwimmenden Eisblock gesehen.«

»Aber trotzdem zieht ihr beim Schlittenfahren noch eure Bärenfellhosen über!«, sagt Mama und hilft Malik beim Anziehen. »Draußen auf dem Eis ist es immer noch ziemlich kalt.« Dann geht die Fahrt los. Geschickt lenkt Papa die Hunde über den Schnee. So haben sie bald schon das Dorf hinter sich gelassen.

»Das ist eine gute Angelstelle!«, weiß Papa und hält die Hunde an. Anouk versucht, ein Loch ins Eis zu bohren. Aber das ist viel zu dick. »Wir probieren es zusammen«, schlägt das Sandmännchen vor und kurz darauf knacken sie das Eis.

»Ui, ich hab einen ganz dicken Fisch!«, ruft Malik nach einer Weile. Ihre Angelschnur spannt sich heftig. »Wir helfen dir«, rufen das Sandmännchen und Papa gleichzeitig.

Gemeinsam ziehen sie die Beute an Land. »Na, der fette Brocken reicht heute Abend für uns alle«, lacht Papa. »Dann können wir ja einpacken.«

»Ich habe aber noch gar nichts gefangen«, beschwert sich Anouk. »Vielleicht hat ja das Versorgungsschiff noch etwas Schönes für dich«, meint Papa mit einem Augenzwinkern. »Das Boot kommt nur einmal im Monat vorbei«, erklärt Naya dem Sandmännchen. »Und dann dürfen wir uns immer etwas Süßes aussuchen.«

Papa hat das Versorgungsschiff rechtzeitig erreicht. Da kaufen sie alles ein, was auf der langen Einkaufsliste steht. »Hmm, das wird aber ein leckeres Abendessen«, meint Papa. »Und dazu gibt es für euch Maliks Fisch«, freut sich das Sandmännchen.

Ruck, zuck ist der Fisch aufgegessen. Alle sitzen pappsatt am Tisch. »Kann ich Fußball spielen?«, fragt Anouk. »Es ist noch ganz hell!«

»Aber es ist schon spät«, sagt Mama, »auch wenn es hier im Sommer die ganze Nacht nicht dunkel wird.«

»Genau«, meint Papa, »also alle bitte zum Zähneputzen!«

Der Abendwind pfeift ums Haus, als sich Anouk, Naya und Malik ins Bett kuscheln. »Das war aber ein schöner Tag!«, meint Naya zufrieden.

»Und ich habe sogar noch eine Überraschung für euch«, sagt das Sandmännchen. »Schaut mal aus dem Fenster!«

Dort entdecken die Kinder die glanzvollsten Nordlichter am Himmel, die sie je gesehen haben.

»Wow«, meint Anouk. »Das ist wirklich wunderschön.« Nachdem sie sich das geheimnisvolle Leuchten eine Weile angesehen haben, holt das Sandmännchen den Traumsand hervor. Es verstreut ein paar Körnchen. Und schon träumen die Kinder von den funkelnden Lichtern.

Zwei kleine Traumsand-Körnchen schweben auch zu dir.

Gute Nacht, schlaf schön!

Das Sandmännchen und der Gestiefelte Kater

Eine kleine Sternschnuppe fliegt verträumt am Himmel entlang. Langsam zieht sie ihren silbrigen Schweif hinter sich her. »Oh, so spät ist es schon«, meint das Sandmännchen verwundert. »Höchste Zeit, in den Märchenwald zu fahren.« Es steigt auf sein Skateboard und braust los.

Mitten im Märchenwald fliegt ein Stiefel durch die Luft. Das Sandmännchen fängt ihn auf. Aber kaum hat es das feine Leder berührt, steht es – schwuppdiwupp – vor einem schönen Königsschloss. Da kommt ein Gestiefelter Kater zum Tor heraus.

»Ein Kater in Stiefeln?«, wundert sich das Sandmännchen. »Aber ja«, sagt der Kater vergnügt. Auf seinem Rücken trägt er einen Sack, der randvoll mit Gold gefüllt ist. »Komm mit, ich erzähle dir unterwegs, was es damit auf sich hat«, meint der Kater.

Auf seinem Weg berichtet der Gestiefelte Kater, dass er dem Müllerssohn Hans gehört. »Als sein Vater gestorben ist, hat Hans nur mich geerbt – seine Brüder haben die Mühle und einen Esel bekommen«, erklärt der Kater. »Doch ich mache Hans reich und glücklich. Dafür musste er mir nur diese Stiefel kaufen.«

Als sie bei dem Müllerssohn ankommen, gibt der Kater seinem Herrn den Sack. »Das Gold ist vom König«, sagt er zu Hans. »Der denkt, dass du der Graf Carrabas bist. Aber wenn du wirklich ein Graf werden willst, musst du im See baden gehen.«

»Wieso das?«, fragen Hans und das Sandmännchen gleichzeitig.

Da erzählt der Kater, dass der König liebend gerne Rebhühner isst, aber keiner sie fangen kann. Nur der Kater bringt dem König jeden Tag im Namen des Grafen die Hühner. Der König belohnt ihn dafür mit Gold. »Und heute fährt er mit seiner Tochter zum See, da wirst du die Prinzessin treffen«, schmunzelt der Kater. Hans läuft mit dem Kater zum See, zieht sich aus und geht baden.

»Komm, wir verstecken die Kleider!«, sagt der Kater zum Sandmännchen. Als dann die Kutsche vorbeikommt, jammert das Tier: »Herr König, dem Grafen wurden beim Baden die Kleider gestohlen. Wenn er weiter im Wasser bleibt, wird er sich erkälten.«

Der König lässt sofort Gewänder aus seinem Schloss holen. Darin sieht Hans so gut aus, dass die Prinzessin ganz begeistert ist. Ihr gefällt der Graf, der eigentlich ein Müllerssohn ist. »Wir fahren Euch nach Hause«, meint der König und lädt Hans in die Kutsche ein. Der Kater und das Sandmännchen sind schon vorausgeeilt.

»Gleich kommt der König vorbei«, informiert der Kater alle, an denen sie vorbeikommen. »Dem sagt ihr, dass das Land dem Grafen Carrabas gehört, wenn der König danach fragt.« Doch das Land gehört einem bösen Zauberer. »Dem statten wir jetzt bestimmt einen Besuch ab«, lacht das Sandmännchen.

»Genau!«, strahlt der Kater.

Bald kommen sie zum Schloss des Zauberers. »Was wollt ihr?«, fragt der verächtlich. »Man sagt, du kannst dich in jedes Tier verwandeln – aber bestimmt nicht in eine Maus!«, behauptet der Kater.

»Lächerlich«, meint der Zauberer und springt kurz darauf als Maus umher. Da fängt der Kater die Maus und frisst sie einfach auf.

Das ganze Land des Zauberers gehört nun Hans. Davon ist der König so beeindruckt, dass der Müllerssohn und die Prinzessin bald Verlobung feiern.

»Jetzt ist es aber endlich Zeit für ein Schläfchen«, meint der Gestiefelte Kater. Da holt das Sandmännchen den Traumsand hervor und verstreut
ein paar Körnchen. Schon träumt der Kater von den wichtigen Aufgaben, die er einmal für seinen Herrn übernehmen wird.

Und zwei kleine Traumsand-Körnchen schweben auch zu dir.

Gute Nacht, schlaf schön!

Das Sandmännchen trifft Aschenputtel

Die Sonne hat längst ihre letzten Strahlen verschickt. Es ist schon fast dunkel. »Genau die richtige Zeit, schöne Träume zu verschenken«, meint das Sandmännchen. Es nimmt den Sack mit dem Traumsand und steigt in seine silberne Kutsche. Damit fährt es heute in den Märchenwald.

Im Märchenwald ist es wunderschön. Da gibt es Häuser aus Lebkuchen und weiche Wolken, die aus Bettfedern bestehen. Da gibt es Schatztruhen mit Edelsteinen und ab und zu fliegt eine echte Prinzessinnenkrone durch die Luft.

Gerade saust ein kleiner goldener Schuh vorbei. Er landet direkt in der Kutsche, gleich neben dem Sack mit dem Traumsand. »So ein schöner Schuh«, meint das Sandmännchen. »Erzähl mir doch deine Geschichte!«

Es berührt den goldenen Schuh und – schwuppdiwupp – steht das Sandmännchen mitsamt seiner Kutsche vor einem prächtigen Schloss.

Dort läuft gerade ein Prinz die Treppe herab. »Hast du die schöne Prinzessin gesehen, die eben noch mit mir getanzt hat?«, fragt der Prinz. Das Sandmännchen schüttelt den Kopf. »Oh nein, dann ist sie mir wieder entwischt«, klagt der Prinz.

»Aber du hast ja ihren goldenen Schuh!« Das Sandmännchen gibt dem Prinzen den Schuh. »Damit wirst du die Prinzessin bestimmt finden. Aber lass dich nicht täuschen!«, rät es.

»Ich mache mich gleich auf die Suche!«, sagt der Prinz. Dann reitet er, bis er an einen großen Gutshof kommt. Dort ruft er alle Bewohner zusammen. Der Prinz verkündet, dass er die Frau heiraten will, deren Fuß in den Schuh passt. Die Frauen drängeln sich um den Prinzen, denn alle wollen den Schuh anprobieren. Aber keiner passt er.

»Das Aschenputtel fehlt noch«, meint ein Mann. »Doch das ist ganz schmutzig, weil es neben dem Herd schläft, wo die Asche liegt.«

»Hol es trotzdem her«, befiehlt der Prinz. Als das Aschenputtel den Schuh anzieht, passt er ihm wie angegossen.

»Das ist meine Prinzessin!«, freut sich der Prinz.

»Siehst du?«, zwinkert ihm das Sandmännchen zu. »Gut, dass du nicht aufgegeben hast.« Dann erzählt das Aschenputtel ihnen die ganze Geschichte.

Dass seine richtige Mutter vor Jahren gestorben ist. Dass es eine Stiefmutter hat, für die es jeden Tag hart arbeiten muss. Und dass die Stiefmutter zwei Töchter hat, die sie viel mehr liebt.

»Aber die Vögel haben all meine Wünsche erfüllt«, berichtet Aschenputtel. »Sie gaben mir die Kleider, mit denen ich zu den Festen des Königs gehen konnte.«

Und weil sich der Prinz dort sofort in das Aschenputtel verliebte, wird es nun eine echte Prinzessin.

Es ist spät geworden. »Zeit, nach Hause zu reiten«, meint der Prinz und nimmt das Aschenputtel mit auf sein Schloss. Da holt das Sandmännchen den Traumsand hervor. Es verstreut ein paar Körnchen. Und schon träumen der Prinz und die Prinzessin von ihrer glanzvollen Hochzeit.

Zwei kleine Traumsand-Körnchen schweben auch zu dir.

Gute Nacht, schlaf schön!

Das Sandmännchen bei Frau Holle

Oben am Sternenhimmel hat es sich das Sandmännchen auf einer weichen Wolke gemütlich gemacht. Aber jetzt ist es Zeit, den Traumsand zu verteilen. Da kommt ein wunderschöner Schimmel vorbei. Das Sandmännchen steigt auf und reitet in den Märchenwald.

Mitten über dem Märchenwald fliegt ein dickes Goldstück durch die Luft. Es landet auf dem Pferd, direkt auf dem Sack mit dem Traumsand. »Was hat das zu bedeuten?«, fragt sich das Sandmännchen. Es nimmt das Gold in die Hand und – schwuppdiwupp – steht es neben einem Mädchen, das überall mit Gold bedeckt ist. »Woher hast du das viele Gold?«, fragt das Sandmännchen.

»Das hat mir Frau Holle geschenkt, weil ich ihr geholfen habe«, erklärt das Mädchen.

»Bitte erzähl mir die Geschichte«, sagt das Sandmännchen. Da erzählt das Mädchen, dass es von früh bis spät für seine Stiefmutter und die faule Stiefschwester arbeiten muss.

»Jeden Tag spinne ich Wolle. Von der Arbeit sind meine Finger oft ganz blutig. Aber als ich einmal das Blut im Brunnen abwaschen wollte, ist mir die Spule in den Brunnen gefallen.«

»Was hast du dann gemacht?«, fragt das Sandmännchen.

»Meine Stiefmutter war wütend und wollte, dass ich die Spule aus dem Wasser hole. Ich bin in den Brunnen gesprungen und wurde ohnmächtig. Als ich wieder aufwachte, lag ich auf einer schönen grünen Wiese.«

Dort stand ein Backofen, aus dem das Brot rief: »Ach, zieh mich raus, zieh mich raus, sonst verbrenne ich.« Da nahm das Mädchen das Brot aus dem Ofen. Später kam es an einem Apfelbaum vorbei, der rief: »Ach, schüttel mich, schüttel mich, wir Äpfel sind alle miteinander reif.« So erntete es auch die Früchte.

Dann kam das Mädchen zu einem Haus. Dort schaute eine alte Frau zum Fenster heraus. »War das Frau Holle?«, fragt das Sandmännchen.

»Ja, aber die sah wirklich seltsam aus«, erklärt das Mädchen. »Sie hatte so große Zähne, dass ich vor Schreck fast davongelaufen wäre.«

Doch Frau Holle sprach: »Was fürchtest du dich, liebes Kind? Bleib bei mir. Wenn du im Haus ordentlich arbeitest, soll es dir gut gehen.«

»Frau Holle wollte, dass ich ihr Bett aufschüttle, bis die Federn fliegen«, erklärt das Mädchen. »Dann schneit es in der Welt.«

»Und jetzt hat dich Frau Holle für deine Arbeit belohnt«, freut sich das Sandmännchen.

In dem Moment kommen die Mutter und die Stiefschwester vorbei. Neidisch schauen sie auf das Gold des Mädchens. »Morgen machst du es genauso wie deine Schwester, dann wirst auch du reich beschenkt«, fordert die Mutter.

»Ob das gut geht?«, fragt sich das Sandmännchen. Denn die faule Stiefschwester will nicht arbeiten. Sie wirft die Spule in den Brunnen und springt direkt hinterher.

Als sie auf der grünen Wiese erwacht, hört sie nicht auf das Brot im Ofen. Auch den Apfelbaum erntet sie nicht.

Und bei Frau Holle bleibt sie schon nach wenigen Tagen einfach im Bett liegen. Da schickt Frau Holle das faule Mädchen wieder nach Hause. Aber der erwartete Goldregen fällt nicht auf die Stiefschwester herab. Stattdessen wird ein Kessel mit schwarzem Pech über sie geschüttet.

»Die eine lebt im Glück, die andere hat Pech«, meint das Sandmännchen. »Aber jetzt ist es Zeit für schöne Träume.« Es holt den kleinen Sack und verstreut den goldenen Traumsand.

Zwei kleine Traumsand-Körnchen schweben auch zu dir. Gute Nacht, schlaf schön!

Pittiplatsch, Schnatterinchen, Moppi und die Sterne

Pittiplatsch, der freche Kobold, die Ente Schnatterinchen und der Hund Moppi liegen im Gras und lassen sich die Sonne auf den Bauch scheinen. »Ach du meine Nase! Jetzt will ich aber etwas wissen!«, sagt Pitti und malt mit dem Finger Kreise in die Luft. »Wie sieht eigentlich der Himmel in der Nacht aus?«

Schnatterinchen schaut Pitti an: »Dunkel natürlich und schwarz.«
»Wuff«, meint Moppi schläfrig.
»Natürlich schwarz. Wuff!« – »Einfach nur schwarz?«, fragt Pitti enttäuscht. Schnatterinchen und Moppi schauen sich an. »Na, da sind ja auch noch die Sterne«, erklärt Schnatterinchen. »Pitti, hast du denn noch nie Sterne gesehen? Kleine, leuchtende Punkte am Himmel?«

Pitti schüttelt den Kopf: »Das weiß ich doch nicht! Da schlaf ich doch immer. Heute Nacht will ich sie jedenfalls sehen, platsch-quatsch, jawohl!«

Schnatterinchen und Moppi sind einverstanden. Den ganzen Tag wartet Pitti darauf, dass es endlich Nacht wird.

»Ach du meine Nase! Wie lange dauert es denn noch, Schnattelchen?«, quengelt er. »So lang war noch kein Tag!«

»Unsinn! Wuff!«, sagt Moppi. »Jeder Tag ist gleich lang, ist doch klar! Wuff!«

Doch Pitti ist überzeugt, dass dieser Tag nie zu Ende gehen wird. Gleich nach dem Abendessen flitzt Pitti nach draußen. Schnatterinchen und Moppi laufen hinterher. Pitti schaut nach oben.

»Wo sind denn jetzt die Sterne?«, fragt er. Auch Schnatterinchen kann keinen einzigen Stern am Himmel entdecken.

»Es tut mir leid, Pitti, aber heute ist der Himmel mit Wolken bedeckt. Nichts zu machen – kein Stern weit und breit.«

Enttäuscht geht Pitti ins Bett. Am nächsten Morgen fragt er: »Seid ihr wirklich sicher, dass es Sterne gibt? Koboldehrenwort?«

Schnatterinchen läuft zum Bücherregal und holt ein schweres Buch.

»Wuff«, sagt Moppi schläfrig. »Das wollte ich auch gerade holen.« Schnatterinchen schlägt eine Seite auf.

»Siehst du, Pitti? Hier ist ein Bild vom Sternenhimmel. Glaubst du uns jetzt?«

Den ganzen Tag blättert Pitti in dem dicken Buch. Ihm gefallen die Bilder von den Sternen. Aber gibt es die auch wirklich im Märchenwald? Nachmittags fängt es an zu regnen. »Oje, hoffentlich geht das gut!«, sagt Schnatterinchen besorgt. »Wuff«, antwortet Moppi faul. »Wird schon werden!«

Doch am Abend regnet es immer noch.

»Pitti, ich glaube, auch heute Nacht sehen wir keine Sterne«, sagt Schnatterinchen bedauernd.

Pitti ist wütend. »Ich wusste doch, dass es keine Sterne gibt. Ach du meine Nase, jetzt hab ich aber genug!« Türen knallend verschwindet er aus dem Zimmer. – »Wir müssen uns etwas einfallen lassen«, sagt Schnatterinchen am nächsten Tag.

»Wuff«, sagt Moppi. »Pitti ist enttäuscht. Heute müssen wir ihm die Sterne zeigen, so oder so.«

Schnatterinchen schaut nachdenklich die Lampe an. »Ich glaube, ich habe da schon eine Idee ...« Am Abend überreden Schnatterinchen und Moppi den Kobold zu einem letzten Versuch.

»Diesmal zeigen wir dir Sterne, ganz bestimmt!«, verspricht Schnatterinchen.

»Hier, lass dir mal das Tuch umbinden. Und jetzt setz dich dahin, gleich geht es los.« Moppi ist inzwischen heimlich nach draußen gelaufen. »Wuff«, ruft Moppi.

»Kann losgehen. Die Sterne sind da, ihr könnt kommen.« Pitti kann es gar nicht glauben.

»Ist das wirklich wahr? Ich werde Sterne sehen! Endlich!«

Schnatterinchen führt Pitti nach draußen. Pitti reißt sich sofort das Tuch von den Augen. Überall in der Dunkelheit leuchten kleine Lichter.

»Ach du meine Nase, das ist wunderschön!«, ruft Pitti. »Diese Sterne gefallen mir, platsch-quatsch! Vielen Dank dafür!«

In den Zweigen hängen kleine Laternen, die funkeln und leuchten. Pitti freut sich, dass seine Freunde sich so etwas Schönes für ihn ausgedacht haben! Hinterm Haus geht leuchtend gelb der Mond auf. Pitti ist begeistert. Als alle Lichter in den Zweigen längst ausgegangen sind, liegen Pitti, Schnatterinchen und Moppi noch auf der Wiese und schauen den echten Sternen bei ihrer Wanderung über den Himmel zu.

Plumps und Küken finden eine Nuss

Plumps wacht mit einem laut knurrenden Magen auf. Die Sonne steht schon hoch am Himmel. Er streckt sich und gähnt: UUUHAAAH! Frühstück! Das wäre jetzt genau das Richtige. Plumps schaut sich um. Wartet da vielleicht ein gedeckter Frühstückstisch auf ihn? Mit Kakao und frischen Brötchen – das mag er am liebsten! Vergnügt reibt sich Plumps schon mal den Bauch.

Da fällt ihm Küken ein. Ob es schon aufgestanden ist?

»Guck mal, Plumps, was ich gefunden habe«, ruft da eine Stimme von der Badestelle am Plumps-See. Küken ist schon längst wach! Plumps flitzt neugierig um die Ecke. Natürlich möchte er wissen, was Küken ihm zeigen will! Küken steht vor einer merkwürdigen Kugel. Sie ist braun und hat tiefe Furchen.

»Was kann das nur sein?«, fragt Küken. Aber Plumps weiß es auch nicht.

»Lass mich mal!«, sagt Plumps. Wie immer ist er viel zu stürmisch. Vor lauter Eifer drängelt er Küken an die Seite. Plumps rollt den komischen Ball hin und her. Was da wohl drin ist?

»Das habe ich gefunden!«, ruft Küken.

»Ja, aber du Krümel bist viel zu klein. Das ist nichts für dich«, findet Plumps.

Küken ist ein bisschen eingeschnappt. Zu klein soll es sein?

»Dann eben nicht«, meint Küken. »Ich gehe mit meinem Papa Hahn spielen.« Und weg ist es. »Warte doch«, ruft Plumps, »ich hab es nicht so gemeint. Du bist doch das beste Küken, das ich kenne!«

Doch Küken hört ihn nicht mehr. Plumps, Magen knurrt schon wieder. Das klingt wie ein großer Löwe, der am Teich lauert. Jetzt muss Plumps unbedingt herausfinden, ob man die Kugel essen kann. Er reißt den Mund weit auf und ... beißt hinein. »AUUUAAAA«, brüllt Plumps.

So stark seine Koboldzähne auch sind, anbeißen kann er die Kugel damit nicht! Jetzt wird Plumps aber ärgerlich. Er klettert auf die Kugel und springt auf und ab. Nichts passiert. Die Kugel bekommt noch nicht mal einen kleinen Riss!

Plumps hüpft weiter. Und plötzlich ...

»Heee«, schreit Plumps und hält sich blitzschnell fest. Die Kugel rollt mit einem großen Platsch ins Wasser.

Verlieren will Plumps seinen Schatz aber nicht! Zusammen mit der Kugel taucht er unter. Das macht nichts, denn Plumps kann prima schwimmen.

Plumps klammert sich an die Kugel. Sie soll nicht ohne ihn davontreiben. »Ich hab ein Floß«, ruft er begeistert. »Wenn Küken mich jetzt sehen könnte!« Vor Freude zappelt Plumps wie verrückt mit den Beinen. Das Strampeln treibt die Kugel ins dichte Schilf. Es wächst rund ums Ufer des Plumps-Sees. Darin spielen Plumps und Küken immer Verstecken.

Als Küken von seinem Ausflug zu Papa Hahn zurückkommt, sucht es nach seinem Freund Plumps. Wo er nur steckt?

»Plumps! Wo bist du?«, ruft Küken. Doch Plumps gibt keine Antwort. Besorgt macht sich Küken auf die Suche nach ihm. Bald darauf hört Küken am Teich eine Stimme.

»Hallo! Ich hänge fest! Hört mich denn niemand?« Plumps' blaue Koboldhaare haben sich im Schilf verfangen. Der starke Plumps steckt fest und kann sich nicht allein befreien.

»Brauchst du vielleicht Hilfe?«, fragt Küken.

»Hmneigrmblnnn-JA, das hörst du doch!«, ruft Plumps. Mit dem Schnabel zupft und zieht Küken so lange, bis Plumps' wuscheliger Haarschopf wieder frei ist.

»Danke, Küken!«, sagt Plumps. »Du hast mich gerettet. Du bist wirklich meine allerbeste Freundin!«

»Und du bist mein allerbester Freund«, seufzt Küken. »Hast du immer noch Hunger? Ich hab nämlich auch noch nicht gefrühstückt.«

Auf einmal raschelt es im Schilf. Der Ziegenbock steht vor den beiden.

»Guten Morgen, Plumps, guten Morgen, Küken!«, sagt er. Und dann sieht er die Kugel. »Oh, ihr habt eine Walnuss gefunden!«

Plumps und Küken fragen aufgeregt: »Du weißt, was das ist? Kannst du uns helfen, die zu öffnen? Kann man sie vielleicht essen?«

Der Ziegenbock hilft ihnen gern. Mit seinen harten Hufen klopft er auf die Walnuss. Mit einem lauten KNACK zerbricht die Nuss.

»Das Helle in der Schale könnt ihr essen«, sagt der Ziegenbock und verschwindet wieder.

Plumps und Küken probieren es gleich aus. Hmm, das ist das beste Frühstück seit langem!

Herr Fuchs und Frau Elster

Einen wunderschönen guten Morgen«, wünscht Frau Elster ihrem Freund Herrn Fuchs.

»Wieso wunderschön?«, brummt Herr Fuchs. Er hat schlechte Laune, denn es soll Regen geben. Dabei will er doch heute seine neue Flugmaschine fertig bauen.

»Wieso denn nicht?«, fragt Frau Elster erstaunt. »Haben Sie denn keinen Wetterbericht gehört? Heute soll den ganzen Tag die Sonne scheinen.« Und Frau Elster holt ihren eleganten, geblümten Sonnenschirm hervor, auf den sie sehr stolz ist.

»Sonne? Ach, Elsterchen!«, lacht Herr Fuchs spöttisch. »Sie müssen sich irren! Heute wird es keine Sonne geben! Regen, das ist sicher. Und außerdem habe ich jetzt keine Zeit. Ich habe noch was Dringendes zu erledigen.«

»Was denn?«, will Frau Elster wissen. »Bei so einem wunderbaren Wetter! Kommen Sie mit mir zum Bach, da können wir es uns gemütlich machen.«

»Für solche Spielereien habe ich heute keine Zeit«, sagt Herr Fuchs. »Auf Wiedersehen, Frau Elster!«

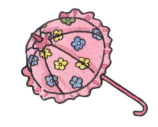

Herr Fuchs klemmt sich seinen Regenschirm unter den Arm und geht los.

Frau Elster schaut ihm nach und ruft: »Die Sonne kommt gleich hervor!«

»Ach nein!«, meint Herr Fuchs ungeduldig. »Regen, es wird Regen geben! Mit Ihrem dünnen Schirmchen kommen Sie da nicht weit, Elsterchen.«

»Aber das ist ein Sonnenschirm, mein Lieber«, erwidert Frau Elster. »Als Schutz gegen die Hitze. Und die Sonnenstrahlen. Das ist doch sonnenklar!« Frau Elster geht kopfschüttelnd in die entgegengesetzte Richtung.

»Kreuzspinne und Kreuzschnabel! Diese Frau Elster hat vielleicht Ideen!«, schimpft Herr Fuchs erbost. »Ein Sonnenschirm! Da ziehen doch schon die ersten Wolken auf. Jetzt muss ich mich beeilen. An meiner neuen Flugmaschine gibt es noch eine Menge zu tun. Dieses Wetter ist wirklich zum Barthaare-Ausraufen!«

Frau Elster spaziert gemütlich durch den Märchenwald. Immer wieder schaut sie hinauf zum Himmel.

»Ich möchte nun endlich meinen neuen Sonnenschirm ausprobieren. Es wird Zeit, dass die Sonne hervorkommt!« Doch statt der Sonne bedecken dicke Wolken den Himmel.

Auf einmal ist es so dunkel wie in der Nacht. Ein lauter Knall, ein Blitz: Erschrocken zieht Frau Elster den Kopf ein. »Oje!«, sagt sie. »Hat sich der Wetterbericht etwa geirrt?« Dicke Tropfen fallen vom Himmel, erst langsam, dann prasselt es richtig los. Frau Elster entdeckt Herrn Fuchs unter seinem Regenschirm. »Elsterchen! Nun kommen Sie schon, bevor Sie richtig nass werden!«, ruft Herr Fuchs.

»Na gut«, seufzt Frau Elster. Widerwillig stellt sie sich unter den Schirm. Als es aufhört zu regnen, verabschiedet sich Frau Elster von Herrn Fuchs. »Gehen Sie lieber nicht zu weit, meine Liebe«, meint Herr Fuchs. »Sicher wird es gleich wieder anfangen zu regnen. Ich bin dann hier bei meiner Flugmaschine.«

»Hmpf«, sagt Frau Elster nur und schüttelt die letzten Tropfen aus dem Gefieder. Dann macht sie sich wieder auf den Weg.

Und es dauert nicht lange, da kommt die Sonne hinter den Wolken hervor. Der Himmel ist strahlend blau und Frau Elster spannt zufrieden ihren Sonnenschirm auf.

»Ist er nicht wunderschön?«, fragt sie ein vorbeihoppelndes Kaninchen. »Diese strahlenden Farben. Und so praktisch!«

Der Fuchs kommt beim Basteln an seiner Flugmaschine ganz schön ins Schwitzen! Die Sonne brennt vom Himmel herunter.

»Kreuzspinne und Kreuzschnabel! Ist das heiß auf einmal!«, schimpft Herr Fuchs. »Das ist ja zum Aus-dem-Pelz-Fahren! Vielleicht kann ich den Regenschirm als Sonnenschutz verwenden?« Er spannt den Schirm auf. Doch unter dem Dach wird es nur noch heißer.

»Kann ich Ihnen vielleicht helfen?«, fragt Frau Elster und dreht ihren neuen Sonnenschirm. »Wie wäre es, mein lieber Herr Fuchs, wenn ich Ihnen Schatten spenden würde? An einem heißen Tag wie diesem ist so ein Sonnenschirm ganz wunderbar.«

Da kann Herr Fuchs nicht widersprechen, von der Hitze ist er schon ganz matt geworden.

»Also gut, Frau Elster! In diesem Fall erkläre ich mich einverstanden«, sagt Herr Fuchs zähneknirschend. »Die Sonne brennt mir sonst noch ein Loch in den Pelz! Aber eigentlich hatte ich ja Recht. Es gab Regen!«

Frau Elster schüttelt energisch den Kopf. »Und es gab Sonnenschein, wie ich es vorausgesagt habe!«

»Wollen wir jetzt zum Bach gehen?«, fragt Frau Elster.

Herr Fuchs schaut seine halbfertige Flugmaschine an. »Einverstanden. Morgen kann ich ja weiterbasteln. Aber die beiden Schirme bleiben hier!«

Pittiplatsch, Schnatterinchen und Moppi in der Höhle

"Wo ist denn Pittiplatsch?"
Die Ente Schnatterinchen schaut sich suchend um.
"Hab den Kobold schon länger nicht gesehen", brummt der Hund Moppi faul. "Wuff! Der stellt bestimmt wieder etwas an. Wuff!"
Schnatterinchen und Moppi werkeln weiter im Garten. Schnatterinchen möchte nämlich ein neues Kochrezept ausprobieren. Und dafür braucht sie viel Gemüse. Pitti ist den ganzen Morgen nicht zu sehen.
Beim Mittagessen ist Pitti auf einmal wieder da.
"Wo warst du denn?", fragt Schnatterinchen und schaut den Kobold prüfend an.
"So eine neugierige Schnatterente!", sagt Pitti unschuldig. "Wo soll ich schon gewesen sein? Nirgendwo, mein Schnattelchen."

Schnell schiebt er sich eine dicke Kartoffel in den Mund.

»Fmeckt fuper!«, sagt Pitti kauend. »Nicht mit vollem Mund sprechen«, sagt Schnatterinchen streng und vergisst dabei, Pitti weiter auszufragen. Nach dem Mittagessen gehen Schnatterinchen und Moppi wieder in den Garten. Die Sonne steht hoch am Himmel und es wird immer wärmer. Schnatterinchen legt sich in den Schatten eines Baumes und liest in einem dicken Buch. Moppi lässt sich lieber von den Sonnenstrahlen das Fell wärmen. »Heute ist es schön heiß«, seufzt er zufrieden. »Wuff!«

Die beiden bemerken gar nicht, wie Pitti heimlich mit einem dicken Knäuel roter Wolle davonschleicht ...

»Komm, wir gehen baden«, schlägt Schnatterinchen vor und holt ihre Badeente. »Gute Idee«, sagt Moppi schläfrig.

»Hast du eigentlich Pitti gesehen? Der badet doch auch so gern!«

Schnatterinchen und Moppi suchen Pitti im Haus und im Garten, doch der Kobold bleibt verschwunden.

»He, Pitti? Wo bist du denn?«, ruft Moppi immer wieder.

Schließlich gehen die beiden allein zum Bach.

»Hach, das Bad wird wunderbar erfrischen«, sagt Moppi.

»Ja«, meint Schnatterinchen. »Nur ist es komisch, dass Pitti weg ist. Ein Bad im Bach lässt er sich doch sonst nicht entgehen! Aber vielleicht ist er schon längst dort und wartet auf uns.«

An der Badestelle angekommen, springt Moppi sofort ins Wasser.

»Herrlich! Wuff!«, ruft Moppi. Schnatterinchen klettert auf einen großen Stein und hält Ausschau nach Pitti. »Hier ist er auch nicht«, sagt die Ente besorgt. »Merkwürdig!«

Moppi schaut sich auch noch einmal um. Mit seinen scharfen Augen entdeckt er eine Spur. »Guck mal, da ist ja ein Wollfaden an den Zweig gebunden. Und dort ist noch einer.«

Die Fäden hat Schnatterinchen vorhin gar nicht bemerkt.

»Das ist bestimmt ein Zeichen von Pitti«, freut sich Schnatterinchen. »Da vorn ist noch ein dritter Faden.«

Schnatterinchen und Moppi folgen der Spur. Ab und zu müssen sie sich ganz schön anstrengen, bis sie den nächsten Wollfaden entdecken. »Da liegt ein roter Faden neben dem Felsen«, ruft Schnatterinchen und läuft schnell hin. Sie biegt um die Ecke und dort ...

»Überraschung. Von Pittiplatsch, dem Lieben!«, ruft Pitti begeistert. »Da staunt ihr, was? Aber es hat ja ganz schön lange gedauert, bis ihr mich gefunden habt, platsch-quatsch. Was sagt ihr zu meiner Höhle?«

Moppi und Schnatterinchen schauen sich um. Die kleine Höhle unter dem Felsvorsprung gefällt ihnen sofort.

»Das ist aber nicht alles«, sagt Pitti geheimnisvoll. »Macht mal kurz die Augen zu und haltet Ruh.«

»Na gut«, sagt Schnatterinchen und schließt die Augen.

»Wuff«, sagt Moppi misstrauisch. »Du läufst doch jetzt nicht wieder weg?« Dann macht auch er die Augen zu.

Die beiden hören, wie Pitti in der Höhle hin und her läuft. Es klappert und knistert. »Ihr könnt gucken!«, ruft Pitti. »Es gibt ein Picknick! Ist das nicht toll? Ach du meine Nase, setzt euch doch und macht es euch gemütlich!«

Schnatterinchen und Moppi sind begeistert. Ein richtiges Höhlenpicknick haben sie noch nie gemacht.

»Was für eine tolle Idee, Pitti«, ruft Schnatterinchen.

»Wuff!«, sagt Moppi. »Und wir haben von deinen Vorbereitungen gar nichts gemerkt!«

Den ganzen Nachmittag verbringen die drei Freunde in Pittis Höhle, genießen das Picknick und erzählen sich Geschichten.

Auf dem Heimweg sagt Schnatterinchen: »Vielen Dank für das Picknick in deiner Höhle! Ich bin schon gespannt, was du dir als Nächstes einfallen lässt, Pitti!«

»Wuff«, sagt Moppi, »ich auch!«

Pitti lacht: »Ach du meine Nase! Das werdet ihr bestimmt bald erfahren!«